AF591794

2 Décembre 1895

VENTE

PAR SUITE DE DÉCÈS ET PAR SUITE DE DÉPART

Des Lundi 2 & Mardi 3 Décembre 1895

A DEUX HEURES

HOTEL DROUOT, SALLE N° 1

TRÈS

Beaux Mobiliers

FOURNIS

par les Maisons **KRIÉGER** et **Jules ALLARD**

BRONZES D'AMEUBLEMENT, MARBRES

Tapisseries Anciennes, Tentures, Broderies

TAPIS D'ORIENT

Me G. DUCHESNE
COMMISSAIRE-PRISEUR
6, rue de Hanovre, 6

M. A. BLOCHE
EXPERT PRÈS LA COUR D'APPEL
28, Rue de Châteaudun, 28

EXPOSITION PUBLIQUE

Le Dimanche 1er Décembre de 1 heure 1/2 à 5 heures 1/2

IMPRIMERIE ARTISTIQUE

E. MÉNARD & Cie

Bureaux et Ateliers : Paris — 8, Rue Milton

CATALOGUE

DE DEUX

TRÈS BEAUX MOBILIERS

Fournis par les Maisons KRIÉGER & Jules ALLARD

Magnifique ameublement de Salle à manger en noyer sculpté style Louis XV

Autre Salle à manger en noyer sculpté style Renaissance

4 TRÈS BEAUX AMEUBLEMENTS DE CHAMBRE A COUCHER

en noyer sculpté style Louis XV, en acajou moucheté style Louis XVI, etc.

CABINET DE TRAVAIL EN BOIS NOIR SCULPTÉ STYLE LOUIS XIII

Deux jolis meubles de Salon en bois sculpté style Louis XVI

COUVERTS EN LAMPAS ET TAPISSERIE D'AUBUSSON

Meubles en noyer sculpté styles Renaissance et Louis XIII

MEUBLES PERSANS ORNÉS D'INCRUSTATIONS

Suite de Beaux meubles en laque de Chine

BEAUX BRONZES D'AMEUBLEMENT

Fournis par les maisons J. G. Levy, Colin, Gagneau, etc.

Bronzes d'Art — Grands vases en porcelaine de Chine et du Japon

SCULPTURES EN MARBRE & EN TERRE CUITE

De CARRIER-BELLEUSE, LANZIROTTI, Math. MOREAU

12 TAPISSERIES ANCIENNES

BEAUX TAPIS DE PERSE, DE SMYRNE & EUROPÉENS

Belles Tentures en soie, Drap, Velours, etc.

Broderies Portugaises, Persanes, Chinoises et Japonaises

Coffres-Forts de FICHET

DONT LA VENTE AURA LIEU

Par suite de Décès & par suite de Départ

HOTEL DROUOT, SALLE N° 1

Les Lundi 2 & Mardi 3 Décembre 1895, à 2 h.

Me Georges DUCHESNE	**M. A. BLOCHE**
Commissaire-Priseur	*Expert près la Cour d'appel*
6, Rue de Hanovre, 6	28, Rue de Châteaudun, 28

CHEZ LESQUELS SE DISTRIBUE LE CATALOGUE

EXPOSITION PUBLIQUE

Le Dimanche 1er Décembre 1895, de 1 h. 1/2 à 5 h. 1/2

CONDITIONS DE LA VENTE

La vente sera faite *expressément* au comptant.

Les acquéreurs payeront en sus des adjudications *cinq pour cent.*

L'exposition mettant le public à même de se rendre compte de l'état des objets, il ne sera admis aucune réclamation une fois l'adjudication prononcée.

Paris. — Imp. artistique E. Mérard & Cie, 8, rue Milton

DÉSIGNATION

PREMIER MOBILIER

1 — Très bel ameublement de salle à manger en noyer finement sculpté composé de :

Un grand et superbe buffet argentier forme à contours, dessins à rocailles fleuronnées cintré sur les côtés, ouvrant dans le bas à quatre portes pleines et dans le haut à quatre portes garnies de glaces; Deux dessertes à étagères, le haut à glaces avec encadrements à rocailles; Dix-huit chaises foncées de canne, dont neuf avec coussins en brocatelle de soie verte; Une grande table à coins arrondis, piétements à croisillons, dessins à rocailles à cinq rallonges. Travail de Kriéger.

2 — Table à thé en noyer sculpté, forme Louis XV piétements à croisillons. Travail de Kriéger.

3 — Vitrine en bois d'acajou avec garniture dorée de style Louis XVI.

4 — Très beau bureau à cylindre en bois d'acajou, époque Louis XVI, garni de bronzes ciselés et dorés, de même style.

5 — Très jolie commode en acajou, époque Louis XVI, signé Riesener, garnie de bronzes, finement ciselés et dorés, de même style.

6 — Belle bibliothèque à deux corps en bois de poirier noirci et sculpté, ouvrant dans le bas à trois portes pleines et dans le haut à trois portes garnies de glaces biseautées. Travail de Kriéger.

7-8 — Deux très jolies marquises en bois sculpté et rechampi de blanc avec coussins, et couvertes de lampas vert pâle, rayé et broché à bouquets de fleurs; garnies de riches passementeries. Style Louis XVI. Travail de Kriéger.

9 — Deux jolies bergères analogues.

10 — Trois fauteuils en bois sculpté rechampi de blanc, style Louis XVI, couverts en même lampas que les sièges précédents. Travail de Kriéger.

11 — Très joli meuble de salon en bois sculpté et laqué rehaussé d'or, de style Louis XVI, recouvert en tapisserie d'Aubusson, à bouquets de fleurs et encadrements sur fond vert d'eau, composé d'un canapé confident, deux fauteuils et quatre chaises.

12 — Très bel ameublement de chambre à coucher en bois finement sculpté et rechampi de gris, style

Louis XV, composé d'un grand lit de milieu forme à contours, dessins à fleurs et rocailles, le fond et le devant garnis de soie bleue pâle brodée de fleurs, de papillons et d'oiseaux, en soie blanche (avec sa literie), une armoire à glace biseautée à côtes cintrée, forme des plus élégantes, intérieur gaîné de soie bleue, une commode à trois rangées de tiroirs formant bureau avec poignées et entrées de serrures en bronze doré, dessus en marbre brêche violacé. Travail de Kriéger.

13 — Table à coiffer forme Louis XV, recouverte de tulle orné d'applications de soie blanche, dessins à fleurs, guirlandes et festons sur transparent de soie bleue pâle, le dessus en glace suivant les contours de la table, de Kriéger.

14 — Beau dessus de lit en soie moirée maïs, richement brodé de guirlandes de fleurs et de nœuds de rubans en argent et soie, doublé de soie mauve.

15 — Chiffonnier en bois sculpté, rechampi de gris, dessus en marbre blanc, poignées à couronnes de laurier, en bronze doré, style Louis XVI, de Kriéger.

16 — Magnifiques décorations de lit, d'une fenêtre, d'une porte double et deux portes simples, en soie ottomane rose pâle, encadrées de velours brodé à

arabesques, de fleurs avec lambrequins relevés par des cordelières et des embrasses assorties, doublées de soie bleue pâle.

17 — Fauteuil dossier à traversin, couvert en même étoffe et même broderie. Travail de Kriéger.

18 — Prie-Dieu en bois sculpté et rechampi de gris, couvert en même étoffe, de Kriéger.

19 — Quatre chaises en bois sculpté à rocailles et rechampi de gris, couvertes en même étoffe et même broderie, de Kriéger.

20 — Bel ameublement de chambre à coucher en bois d'acajou moucheté, garni de cuivre, style Louis XVi, travail de Kriéger composé d'un grand lit de milieu avec sa literie, une commode à trois rangées de tiroirs, dessus en marbre rosé avec galeries de cuivre et une table forme rognon.

21 — Deux fauteuils confortables.

22 — Groupe de deux guerriers en bois sculpté formant support.

23 — Canapé en bois sculpté et doré foncé de canne dorée. Style Louis XV.

24 — Chaise longue en deux parties formant deux bergères, en noyer sculpté, couverte en soierie brochée à fleurs, fond crême. Style Louis XV.

25 — Marquise en noyer sculpté, couverte en soie crême brochée. Style Louis XVI.

26 — Fauteuil en bois sculpté et laqué blanc, couvert de soierie crême, richement brodée. Style Louis XV.

27 — Meuble à deux portes en noyer, orné d'incrustations de nacre. Travail Persan.

28 — Deux coffres Persans ornés d'incrustations de nacre. Travail ancien.

29 — Meuble à deux corps en noyer sculpté ouvrant à deux portes avec montant à cariatides inspirées des cartons de Jean Goujon.

30 — Meuble en bois sculpté, le bas ouvrant à une porte, le haut à arcades. Style Louis XIII.

31 — Meuble vitrine en noyer sculpté, soutenu par deux cariatides. Style XVIe siècle.

32 — Colonne en noyer sculpté de style Renaissance.

33 — Vitrine recouverte de peluche rose et bleue garnie de glaces biseautées.

34 — Paravent à trois feuilles garni en satin rouge et broderies.

35 — Paravent à trois feuilles, garni de satin grenat et de riches broderies.

36 — Carton à musique gaîné en peluche et étoffe brochée.

37 — Petit paravent forme Louis XV, garni de satin broché et de peluche.

38 — Vitrine en bois doré de style Louis XVI, garnie de glaces sur trois côtés et fond en peluche rouge.

39 — Grand coffre-fort de Fichet.

40 — Armoire normande en chêne sculpté Louis XV intérieur garni de soie verte.

41 — Fauteuil de bureau en bois sculpté Louis XVI dossier et fond garnis de canne dorée.

BRONZES ET OBJETS D'ART

42 — MOREAU (MATHURIN). Diane à l'Arc. Statuette en marbre. H. 0^{m}70. Sur socle tournant.

43 — Paire d'appliques à six lumières en bronze ciselé, à cariatides d'enfants, portant dans chaque main un bouquet, style Louis XV, travail de Colin (préparées pour l'électricité).

44 — Suspension à électricité en cristal opaque et gravé, monture en bronze de Colin.

45 — Deux chenêts en bronze doré, modèle à rocaille et balustrade. Style Louis XV de Colin.

46 — Garniture de cheminée en bronze ciselé et doré, style Louis XVI de Charles Oudin, composée d'une pendule forme monument et deux petits candélabres à deux lumières.

47 — Cinq appliques à deux lumières pour l'électricité, en bronze ciselé et doré, modèle rocailles fleuronnées, de Colin.

48 — Paire de lampes en bronze ciselé et doré au mat, forme rocaille, enguirlandées et à cariatides de femmes, d'après Berain, montées sur socle en marbre rosé, travail de Colin, disposées pour l'électricité.

49 — Paire de beaux bras d'appliques à trois lumières, style Louis XV, en bronze ciselé et doré d'après Caffieri, travail de Colin.

50 — Paire de chenêts à balustrade et vases rocailles en bronze doré, style Louis XV, de Colin.

51 — Deux bras d'appliques à deux lumières, modèle à rocaille, style Louis XV de Colin, pour électricité.

52 — Deux lampes électriques en cuivre.

53 — Deux lampes en porcelaine de Chine, décor paysage et oiseaux sur fond céladon, monture fumée et frottée, pour l'électricité.

54 — Paire de grands et beaux vases en émail cloisonné du Japon, fond bleu turquoise à fleurs, monture en bronze.

55 — Deux supports en bronze à têtes d'éléphants. Style Indien.

56 — Deux guéridons en bronze ciselé et doré à cariatides d'enfants, le dessus avec sujets allégoriques en bas relief. Style Louis XVI.

57 — Torchère vénitienne, statue de Nègre tenant un plateau.

TAPIS, ÉTOFFES

58 — Beau tapis ancien de Perse, dessins très fins, animaux et oiseaux avec rosace au milieu. Long. $3^{m}50$ et larg. $2^{m}60$.

59 — Galerie persanne fond crême, joli dessin polychrome. Long. 6^m 40. Larg. 3^m 50.

60 — Grand tapis de salon turcoman, à médaillon fond bleu sur fond crême et rouge. Long. 6 mètres. Larg. 5 mètres (environ).

61 — Tapis Persan, dessin polychrome, de salle à manger. Long. 6^m 50. Larg. 4^m 50.

62 — Tapis de la salle de billard, fond bleu, bordure vieil or, travail Turcoman. Long. 5^m 80. Larg. 4 mètres.

63 — Trois tapis de Smyrne de chambre à coucher, à médaillons et à fleurs.

64 — Six petits tapis anciens de Daghestan (seront vendus séparément).

65 — Deux couvre-lits, l'un en peluche rose et broderies, l'autre en satin vieil or et broderies.

66 — Dessus de piano à queue, satin rose et broderies.

67 — Tapis de table en étoffe japonaise à fleurs, encadré de peluche grenat.

68 — Dos de piano en broderie portugaise sur satin vieil or.

69 — Petit tapis de table en broderie portugaise sur satin rose.

70 — Tapis de table en velours grenat brodé d'or et de soie. Travail Persan.

DEUXIÈME MOBILIER

71 — Lustre lampadaire à trois lampes à gaz en bronze style antique, fondu par Gagneau.

72 — Grand et beau vase en faïence du Golfe Juan (Massier). Décor dans le goût arabe à reflet cuivre ton sur ton. Pièce remarquable.

73 — Porte manteaux et parapluies en noyer sculpté et ciré avec glace biseautée.

74 — Table rectangulaire en noyer ciré, dessus garni en velours rouge.

75 — Coffre à bois en noyer ciré couvert en peluche vieux rouge.

76 — Très belle tenture en velours et tapisserie ancienne composé de :

Un grand panneau en tapisserie ancienne. Paysage avec monuments animés de volatiles, bordure à guirlande de fleurs. H. 2^{m} 70. Long 4^{m}.

77 — Deux autres panneaux formant portière en tapisserie ancienne avec bordure à fleurs représentant des paysages avec châteaux animés de volatiles. H. 2m 60. Long. 2m 80.

78 — Autre panneau en tapisserie ancienne, paysage avec canards poursuivis par un chien, bordure à fleurs. H. 2m 45. Long. 2m 15.

79 — Autre panneau en tapisserie ancienne, paysage avec volatiles, bordure à fleurs. H. 2m 55. Long. 2m 90.

80 — Autre panneau en tapisserie ancienne, paysage avec jet d'eau animé d'oiseaux. H. 2m 15. Long. 2m 05.

81 — Décoration de deux fenêtres composée d'un très grand bandeau en panne rouge avec bande en bordure de tapisserie ancienne à rinceaux de fleurs, un rideau en même panne avec bordure en bas et sur deux côtés et deux rideaux avec bordure en bas et sur un côté. Rideaux et tablette de cheminée en panne rouge. Deux stores plissés.

82 — Panneau en tapisserie ancienne, paysage avec Eglise, animé d'oiseaux, avec bordure. H. 2m 28. Larg. 1m 70.

83 — Panneau en tapisserie ancienne, paysage avec château animé de volatiles. H. 1m 85. Long. 2m 45.

84 — Panneau en tapisserie ancienne, paysage avec cygnes dans un cours d'eau, avec bordure. H. 2m 55. Long. 1m 85.

85 — Panneau en tapisserie ancienne, paysage avec château, animé de paons, avec sa bordure. H. 2m 60. Long. 3m 60.

86 — Panneau en tapisserie ancienne, paysage avec avec château animé d'oiseaux. H. 2m 20. Long. 1m 75.

87 — Panneau en tapisserie ancienne, paysage avec canards dans un cours d'eau. H. 2m. Long. 2m.

88 — Beaux tapis genre Smyrne a fleurs bleues et bordure sur fond rouge.

Salle à manger

89 — Grand et beau lustre lampadaire en bronze à trois lampes à gaz et seize bougies, style Louis XIV. fourni par la maison Gagneau.

90 — Deux appliques à quatre lumières de même style.

91 — Une jardinière en cuivre repoussé, décor à rinceaux.

92 — Deux beaux bustes en marbre blanc sculpté. par LANZIROTTI. Jeune garçon couvert d'une peau de chèvre et jeune fillette avec des raisins dans les cheveux.

93 — Deux tableaux par Huber. Pêches et raisins et Pêches et groseilles.

94 — Très bel ameublement de salle à manger en noyer sculpté, style Renaissance composé de : un grand buffet à deux corps à coins arrondis, le haut vitré; une table à huit allonges; un dressoir et douze chaises couvertes en cuir avec chiffre J. A.

95 — Belle cheminée en noyer sculpté, style Renaissance avec intérieur en cuivre, système à gaz.

96 — Paravent à cinq feuilles en papier genre cuir de Cordoue, décor à fleurs et rinceaux sur fond d'or. Bordure en cuir.

97 — Ecran en bois noir sculpté, feuille en broderie de chenille.

98 — Grand tapis genre Smyrne fond rouge à fleurs et bordure.

99 — Bouteille et bassin en porcelaine moderne de Chine.

100 — Quarante cinq pièces diverses du Japon, de Chine et autres.

101 — Quatre pièces en vannerie de Makassar.

102 — Deux œufs d'autruche.

103 — Cabaret à liqueurs en cristal gravé.

104 — Plusieurs jardinières en faïence et en verre.

105 — Boîte à hors d'œuvre en laque et porcelaine du Japon.

106 — Samovar russe en cuivre.

Grand salon

107 — Grande pendule en marbre noir garnie de bronze doré et surmontée d'une statue en bronze. Reproduction du Molière de la Fontaine Molière.

108 — Deux grandes lampes en porcelaine de Chine décor bleu sur blanc à cartels de paysages et objets d'ameublement monture en bronze.

109 — Deux groupes en porcelaine de Saxe : La Coupe d'amour et le Serment d'amour.

110 — Beau groupe en marbre blanc sculpté de LANZIROTTI : La Promesse (Petite fille et petit chien). H. 0m 50.

111 — Deux jolis bustes en marbre blanc, sculpté de Lanzirotti : Jeune fille à la Paquerette et Jeune fille aux Boutons de roses.

112 — Groupe en bronze, l'ânier d'après Dubucand.

113 — Groupe en terre cuite : Jeune femme jouant avec l'amour, de Carrier Belleuse.

114 — Buste en terre cuite : la Vestale, de Carrier Belleuse.

115 — Groupe en terre cuite : Les Pâquerettes.

116 — Deux très grands vases de porcelaine de Chine décor fleurs et ornements et à cartels à sujets guerriers et paysages ; sur socles en bois noir sculpté.

117 — Deux paires de grands vases en porcelaine du Japon, décor à médaillon ronds en bleu sur blanc, sur socles en bois noir sculpté.

118 — Garniture de bureau en bronze, style oriental, composée de : un encrier, un plumier, un cendrier avec cuiller, un coupe-papier, deux flambleaux, un bougeoir.

119 — Flambeau à deux lumières porté par un dragon à deux têtes.

120 — Balance de précision d'Exupère.

121 — Presse papiers en bronze, oiseau mort.

122 — Statuette en bronze, l'amour au papillon sur socle en marbre griotte garni de bas-reliefs en bronze doré.

123 — Lampe anglaise en cuivre jaune et rouge.

124 — Paire de lampes en porcelaine de Chine, monture en bronze. Style chinois.

125 — Très grande coupe en porcelaine de Chine décor à personnages, sur pied en bois de fer sculpté.

126 — Dix-huit pièces : jardinières, vases, plateaux, etc. en porcelaine, faïence, verre émaillé et doré.

127 — Deux lustres à dix-huit lumières en bronze doré garni de cristaux.

128 — Deux paires de belles appliques à quatre lumières, à gaz, en bronze doré. Style Louis XIV.

129 — Beau bureau ministre à double face dont une forme bibliothèque en bois noir sculpté avec filets de cuivre, style Louis XIII, fourni par la maison Allard.

130 — Deux belles bibliothèques à deux corps de même style en bois noir sculpté et à filets de cuivre, même provenance.

131 — Deux beaux bahuts à hauteur d'appui, de même style, en bois noir sculpté avec filets de cuivre; l'un d'eux renferme un coffre-fort de Fichet. même provenance.

132 — Table de milieu de même style en bois noir sculpté à filets de cuivre, même provenance.

133 — Table liseuse en bois noir gravé.

134 — Guéridon rond en bois noir sculpté avec dessus en mosaïque de Florence représentant une rosace au centre de laquelle se trouve une petite mosaïque de Rome représentant des monuments antiques.

135 — Etagère en bois noir ornée de bronze, dessus en faïence. Style chinois.

136 — Fût de Colonne, cannelée en noyer.

137 — Paravent à trois feuilles en palissandre sculpté et glaces.

138 — Jardinière en bois noir sculpté et faïence émaillée.

139 — Meuble de salon en velours grenat composé de deux canapés, deux ottomanes, deux fauteuils confortables, deux fauteuils marquise, quatre chaises confortables et six chaises légères.

140 — Trois décors de fenêtres, deux décors de portes et un tapis de table en velours grenat.

141 — Petit fauteuil en peluche et étoffe brochée fond blanc.

142 — Petit canapé style Empire, recouvert de soie brochée à fleurs sur fond blanc.

143 — Grand tapis genre Smyrne à fleurs bleues sur fond rouge.

Petit salon

144 — Belle garniture de cheminée en bronze doré et marbre noir, composée d'une pendule avec figures d'après Mathurin Moreau, et deux candélabres à six lumières, fournie par la maison J. G. Lévy.

145 — Beau lustre à trente lumières en bronze doré. Style Louis XVI.

146 — Paire de très belles appliques à deux lumières en bronze ciselé et doré avec partie bleuie, modèle à thyrse enguirlandé, rinceaux à tête de bouc et oiseaux. Style Louis XVI.

147 — Lampe en porcelaine de Chine, décor à personnages, monture en bronze. Style chinois.

148 — Meuble de salon en noyer sculpté couvert en soie rose composé d'un canapé, deux fauteuils, deux grandes chaises et deux petites chaises.

149 — Beau meuble vitrine en bois noir sculpté, style chinois, porte et côtés en glace bizeautée, à l'intérieur deux tablettes en laque de Chine.

150 — Quatre autres tablettes en laque de Chine.

151 — Guéridon en mosaïque de Florence, décor à rosace de losanges, pied en bois noir sculpté.

152 — Magnifique paravent à cinq feuilles en laque de Chine, décor à personnages et fleurs avec panneau en satin jaune brodé à papillons et oiseaux sur des arbres en fleurs.

153 — Petit cabinet en laque du Japon, orné d'appliques en émail.

154 — Autre petit cabinet en laque du Japon.

155 — Belle table à ouvrage en laque de Chine décor à personnages, pied sculpté et doré, garnie de de pièces en ivoire sculpté.

156 — Grand guéridon en laque de Chine décor à nombreux personnages, pied sculpté et doré.

157 — Glace bizeautée forme bannière, cadre en laque de Chine décor à personnages.

158 — Deux tables gigogne composées chacune de trois tables en laque de Chine.

159 — Cabinet en laque du Japon, décor à cartels carrés, paysages.

160 — Grand et beau bureau en laque de Chine avec dessus à étagère et tiroirs, décor à nombreux personnages.

161 — Deux boites à thé et un jeu de trois boites laque du Japon.

162 — Jeu de deux boites forme combiné, en laque fond marron.

163 — Grande boite en laque du Japon fond aventuriné.

164 — Deux petits vases en porcelaine du Japon décor à dragon blanc en relief.

165 — Deux bassins en émail peint de la Chine à figures et fleurs.

166 — Six plaques longues servant de cordon de sonnette en laque du Japon.

167 — Deux grands plateaux et un plus petit en écaille laquée, à huit lobes, décor à paysages et oiseaux.

168 — Deux plateaux rectangulaires en laque fond noir.

169 — Etagère à sept plateaux en laque noir gravé de Pékin avec cartels fond d'or.

170 — Deux pytongs en bois finement sculpté représentant des personnages dans une forêt de bambous.

171 — Deux miroirs métalliques. Travail japonais.

172 — Deux corbeilles en nacre laquée, décor à paysages.

173 — Deux coquilles en nacre, monture à dragons en bronze.

174 — Coffret en bois de Santal finement sculpté, représentant des écureuils dans un feuillage.

175 — Corbeille de même bois et de même travail.

176 — Corbeille de même travail en bois nois sculpté.

177 — Joli coffret en ivoire sculpté à jour, figures, fleurs et oiseaux.

178 — Deux coupes en laque fond rouge.

179 — Boîte à deux compartiments en pierre de Lard.

180 — Deux coussins en broderie métallique. Travail oriental.

181 — Quatre plats porcelaine du Japon, décors divers à cartels et fleurs.

182 — Quatre très beaux panneaux en satin jaune brodé en soie de couleurs, décor à oiseaux et arbres en fleurs. Travail chinois.

183 — Beau panneau en largeur en soie bleue brodée et soie de couleur et fils métalliques, décor représentant des dragons. Travail japonais.

184 — Autre panneau de même forme, sujet analogue. Travail japonais.

185 — Tapis genre Smyrne, fond rouge à fleurs et bordure.

Chambre à coucher et cabinet de toilette

186 — Buste en marbre sculpté : Jeune fille couronnée de roses.

187 — Paires de grands vases en porcelaine de Chine, décor à personnages.

188 — Galerie de foyer en bronze, style Louis XVI, pare-étincelles éventail, portoir avec pelle et pincettes en bronze.

189 — Paire de potiches en porcelaine de Chine, décor à cartels de paysages.

190 — Tableaux par Jules Noel : Vue de Rouen.

191 — Deux tableaux par H. Gudin : Marines.

192 — Bel ameublement de chambre à coucher en bois rose et bois noir sculpté fourni par la maison Allard, composé de : une armoire à trois portes à glace biseautée, un lit de milieu avec sommier et literie, deux tables de nuit, une grands toilette à réservoir, dessus en marbre blanc avec glace biseautée.

193 — Guéridon en laque du Japon.

194 — Sièges en étoffes diverses.

195 — Miroir biseauté, décoré de fleurs en couleurs, cadre bois noir sculpté.

196 — Décor d'une fenêtre en imberline marron clair avec bande de velours.

Chambre à coucher

197 — Pendule en marbre; petite pendule lentille suspendue à un croissant; pendule de bureau avec baromètre, thermomètre et boussole.

198 — Paire de lampes en porcelaine de Chine, décor à fleurs, monture en bronze en forme d'Aiguière.

199 — Deux grands vases porcelaine de Chine, décor à cartels de fleurs.

200 — Bel ameublement de chambre à coucher en noyer sculpté et ciré, fourni par la maison Allard composé de : une armoire à glace biseautée, un lit de milieu avec sommier et literie, une toilette

à réservoir, dessus en marbre blanc, surmontée d'une glace biseautée, une table de nuit et une table de milieu.

201 — Deux chaises assorties et un fauteuil couverts en peluche.

202 — Ciel de lit en noyer sculpté avec rideaux et dessus de lit, galerie de croisée en noyer sculpté décor de croisée, une portière et un tapis de table le tout en drap bleu pâle avec applications de drap foncé.

203 — Sous ce numéro seront vendus divers meubles bronzes, rideaux et objets divers qui se trouvaient dans d'autres pièces de l'appartement.

www.ingramcontent.com/pod-product-compliance
Ingram Content Group UK Ltd.
Pitfield, Milton Keynes, MK11 3LW, UK
UKHW022143260726
13993UKWH00005B/2114

9 782329 531526